VISITAS À
SANTÍSSIMA
VIRGEM MARIA

Organização e compilação
DIÁC. FERNANDO JOSÉ BONDAN

VISITAS À SANTÍSSIMA VIRGEM MARIA

Meditações patrísticas e orações

EDITORA VOZES

Petrópolis

© 2018, Editora Vozes Ltda.
Rua Frei Luís, 100
25689-900 Petrópolis, RJ
www.vozes.com.br
Brasil

Editoração: Fernando Sergio Olivetti da Rocha
Diagramação: Sheilandre Desenv. Gráfico
Revisão gráfica: Nilton Braz da Rocha
Capa: WM design
Ilustração de capa: © Renata Sedmakova | Shutterstock

ISBN 978-85-326-5781-7

Editado conforme o novo acordo ortográfico.

Este livro foi composto e impresso pela Editora Vozes Ltda.

Prefácio

É com alegria que apresento o segundo livro da "coleção de visitas". O primeiro foi *Visitas a Jesus sacramentado – Meditações patrísticas e orações*, no qual o leitor teve a oportunidade de relacionar-se e meditar em intimidade com o Senhor, especialmente presente na Eucaristia.

Agora lançamos o segundo livro da série e que se chama *Visitas à Santíssima Virgem Maria – Meditações patrísticas e orações*, onde com muito carinho e amor o leitor pode visitar Nossa Senhora e meditar em intimidade com ela, seja nos seus santuários, igrejas, capelas, no próprio lar ou mesmo no coração.

O culto devido a Nossa Senhora é um culto bem superior em dignidade ao culto de qualquer santo, porque a dignidade da qual Maria foi revestida, tendo em vista os méritos de seu Filho, a tornam verdadeiramente única. Sendo superior a todos os anjos e santos, Maria só é inferior ao próprio Deus.

Quando pensamos em Nossa Senhora, logo pensamos em seu Filho, pois ela disse: *Fazei tudo o que Ele vos disser*. Por isso, o legítimo culto mariano sempre é um culto cristológico, um culto de devoção que conduz a uma maior compreensão do seu Filho e a um maior amor pelo redentor da humanidade.

Os textos recolhidos neste livro, em sua quase totalidade, são textos mariano-cristológicos, nos quais temos a oportunidade de ver a ligação profunda entre Maria e seu Filho Jesus, e como não é possível separar um do outro.

Estes textos servem para que cada um de nós possa meditar sobre tão grande mistério cada vez que for fazer uma visita à Mãezinha do Céu.

* * *

Este livro foi feito como recurso para visitar Maria Santíssima e meditar sobre o seu mistério durante cerca de trinta dias. Isso significa que cada dia está previsto. Os textos foram pensados para uso pessoal, mas nada impede de adaptá-los à vida comunitária. Poder-se-ia organizar da seguinte forma:

1) Coordenador: invoca o Espírito Santo com um canto ou oração.

2) Coordenador: puxa o sinal da cruz, indica um canto mariano e pronuncia a jaculatória: "Ó Maria concebida sem pecado".

3) Leitor 1: leitura do evangelho do dia.

4) Cantor: refrão de algum canto mariano.

5) Leitor 2: leitura do texto patrístico.

6) Momento de silêncio contemplativo.

7) Coordenador: consagração ou "À vossa proteção", individual ou comunitária.

8) Se não há ministro ordenado presente, um "ministro extraordinário da Sagrada Comunhão" ou um "catequista" pode invocar a bênção sobre si e sobre o grupo, mas sem traçar o sinal da cruz sobre todos. Pode usar a bênção de Nm 6,24-26, adaptada.

9) Em caso individual, cada um invoca sobre si a bênção, traçando o sinal da cruz e dizendo: "O Senhor nos abençoe, livre-nos de todo mal e nos conduza à vida eterna", tal como se faz na Liturgia das Horas.

Uma santa meditação a todos!

VISITAS À SANTÍSSIMA VIRGEM MARIA

Consagração:

Ó minha Senhora! Ó minha Mãe! Eu me
ofereço todo a vós, e em prova de minha
devoção para convosco, eu vos consagro neste
dia (nesta noite): meus olhos, meus ouvidos,
minha boca, meu coração e inteiramente
todo o meu ser; e porque assim sou vosso, ó
incomparável Mãe, guardai-me e defendei-me
como coisa e propriedade vossa. Amém.

À vossa proteção (séc. III):

À vossa proteção nós recorremos,
Santa Mãe de Deus; não desprezeis as
súplicas que em nossas necessidades vos
dirigimos, mas livrai-nos de todos os perigos,
ó Virgem gloriosa e bendita.

Em nome do Pai e do Filho e do
Espírito Santo. Amém.

V: Ó Maria concebida sem pecado. (3x)
R: Rogai por nós que recorremos a vós! (3x)

Porque nosso Deus, Jesus Cristo, foi levado no seio de Maria, segundo a economia divina, nascido da linhagem de Davi e do Espírito Santo. Ele nasceu e foi batizado para purificar a água mediante a sua paixão. Ao príncipe deste mundo lhe foi ocultada a virgindade de Maria, seu parto, bem como a morte do Senhor: três mistérios tremendos, que foram realizados no silêncio de Deus. Como, pois, foram manifestados nos séculos? Um astro brilhou no céu mais do que os outros, e sua luz era indescritível, sua novidade surpreendente, e todos os outros astros juntos com o sol e a luz juntaram-se em coro ao seu redor e ele projetou a sua luz mais do que todos os astros. Eles perturbaram-se perguntando de onde vinha esta novidade tão diferente deles mesmos. Então foi destruída toda magia e todo vínculo de malícia abolida, a ignorância foi dissipada e o antigo reino destruído, quando Deus se manifestou feito homem para uma novidade de vida eterna, e o que tinha sido preparado por Deus começou a se realizar.

(Santo Inácio de Antioquia († 107/115).
Carta aos Esmirnenses).

Reza-se a oração *Consagração à Nossa Senhora* ou *À vossa proteção*, como no encarte (ou p. 9).

Oração: Querida Mãe, Maria santíssima, mulher eleita e escolhida por Deus desde toda a eternidade para ser a Mãe de seu Filho único; olhai com bondade para os vossos filhos e concedei-nos a graça de participarmos do mistério da redenção pelo nosso batismo. Amém.

Em nome do Pai e do Filho e do
Espírito Santo. Amém.

V: Ó Maria concebida sem pecado. (3x)
R: Rogai por nós que recorremos a vós! (3x)

"Antes de subir ao Pai, eu vos prometi que aqueles que me seguirem, quando chegar o restabelecimento e o Filho do Homem se sentar no trono de sua majestade, também eles se sentarão em doze tronos para julgar as doze tribos de Israel. Eu escolhi esta mulher [Maria] dentre as tribos de Israel, por ordem de meu Pai, para que fosse a minha morada. Que quereis que faça com ela?" Ouvindo isto, Pedro e os apóstolos responderam imediatamente: "Senhor, Tu escolheste esta tua serva para que fosse tua câmara imaculada, e a nós, teus apóstolos, para exercer o ministério. Tu conheces todas as coisas com o Pai, com o qual Tu és igual, e com o Espírito Santo, em divindade e poder absoluto antes dos tempos. Se é possível, portanto, pelo poder de tua graça, nós cremos que é justo que assim como Tu, depois de vencer a morte, reinas na glória, também ressuscites o corpo de tua Mãe e a leves contigo para desfrutar da alegria dos céus"[1].

(Pseudo-Melitão († séc. VI?). Trânsito da Bem-aventurada Virgem Maria).

Reza-se a oração *Consagração à Nossa Senhora* ou *À vossa proteção*, como no encarte (ou p. 9).

Oração: Querida Mãe, Maria santíssima, no silêncio e anonimato trouxeste em teu ventre o Salvador do mundo, sendo morada de Deus. Somente o céu sabia do teu mistério. Concedei que também nós, teus filhos, nos tornemos casa de Deus em cada Santa Comunhão, em cada oração, em cada obra de misericórdia. Amém.

---

1. Existe também outra tradição, menos provável, de que Maria *não morreu*.

Em nome do Pai e do Filho e do
Espírito Santo. Amém.

V: Ó Maria concebida sem pecado. (3x)
R: Rogai por nós que recorremos a vós! (3x)

Era necessário que o corpo da que no parto tinha preservado a sua virgindade incólume se conservasse incorrupta mesmo depois da morte; era necessário que a que tinha levado em seu seio o Criador, infante, entrasse alegremente na morada de Deus. Era necessário que a Esposa que o Pai tinha desposado consigo mesmo habitasse na câmara nupcial do céu. Era necessário que aquela que tinha contemplado tão perto seu próprio Filho na cruz, e sentido a espada em seu coração e as angústias dolorosas que não a acompanharam no parto, era necessário que o contemplasse sentado à destra do Pai. Era necessário que a Mãe de Deus entrasse nas posses de seu Filho e que, como Mãe de Deus e serva, fosse reverenciada por toda a criação [...] porque o Filho submeteu toda a criação a sua Mãe.

(São João Damasceno († c. 750). Segundo sermão na Festa da Dormição de Maria).

Reza-se a oração *Consagração à Nossa Senhora* **ou** *À vossa proteção*, **como no encarte (ou p. 9).**

Oração: Maria santíssima, soberana rainha que merecestes ser honrada e exaltada por sua virgindade perpétua e por declarar-se a serva do Senhor; que acompanhastes vosso Filho nos momentos mais dolorosos de sua Paixão, dai-nos imitar tuas virtudes na terra, para gozar depois de vossa presença no céu. Amém.

✝

Em nome do Pai e do Filho e do
Espírito Santo. Amém.

V: Ó Maria concebida sem pecado. (3x)

R: Rogai por nós que recorremos a vós! (3x)

Nós sabemos que Ele [Jesus] se fez homem por meio de uma Virgem, a fim de que, pelo mesmo caminho que se iniciou a desobediência da serpente, pelo mesmo também fosse destruída. Porque Eva, quando ainda era virgem e incorrupta, tendo concebido a palavra que recebeu da serpente, deu à luz a desobediência e a morte. Por outro lado, a Virgem Maria concebeu fé e alegria quando o Anjo Gabriel lhe deu a boa notícia de que o Espírito do Senhor viria sobre ela e o poder do Altíssimo a cobriria com a sua sombra, por isso o santo nascido dela seria Filho de Deus; ao que ela respondeu: *Faça-se em mim segundo a tua palavra*. E da Virgem nasceu aquele que temos mostrado e ao qual se referem tantas Escrituras, por quem Deus destrói a serpente e os anjos e homens que a ela se assemelham, e liberta da morte aos que se arrependem de suas más obras e creem nele.

(São Justino († 165). *Diálogo com Trifão*, c. 100).

Reza-se a oração *Consagração à Nossa Senhora* ou *À vossa proteção*, como no encarte (ou p. 9).

Oração: Santíssima Virgem Maria, tua obediência destruiu o nó da desobediência de Eva, e teu "sim" nos dá a coragem para dizer o nosso sim a Deus, e lhe ser fiel e obediente. Concedei-nos sempre, Virgem Mãe, viver conforme a vontade e a Palavra de Deus. Amém.

Em nome do Pai e do Filho e do
Espírito Santo. Amém.

V: Ó Maria concebida sem pecado. (3x)
R: Rogai por nós que recorremos a vós! (3x)

O Senhor veio para o que era seu, e levou sobre
si a própria criação que sobre si o leva, e pela obediência na árvore recapitulou a desobediência na
árvore; foi dissolvida a sedução pela qual havia sido
malseduzida a virgem Eva destinada a seu marido,
pela verdade na qual foi bem evangelizada pelo anjo
a Virgem Maria já desposada: Assim como aquela
foi seduzida pela palavra do anjo para que fugisse
de Deus prevaricando de sua palavra, assim esta foi
evangelizada pela palavra do anjo para que transpor-
tasse a Deus pela obediência a sua Palavra, a fim de
que a Virgem Maria fosse advogada da virgem Eva,
e para que, assim como o gênero humano tinha sido
atado à morte por uma virgem, da mesma forma
fosse desatado dela pela Virgem, e que a desobediên-

cia de uma virgem fosse compensada pela obediência de outra Virgem.

(Santo Irineu de Lião († 202).
Contra os hereges, V, 2, 19.1).

Reza-se a oração *Consagração à Nossa Senhora* ou *À vossa proteção*, como no encarte (ou p. 9).

Oração: Santíssima Virgem Maria, Mãe do Verbo encarnado e Esposa do Espírito Santo. A liberdade com que aderiste à vontade e ao plano de Deus nos assombram. Liberta-nos, ó Virgem, dos nossos apegos ao mundo, para que, livres e desapegados dos bens terrestres, mereçamos os celestes. Amém.

✝

Em nome do Pai e do Filho e do
Espírito Santo. Amém.

V: Ó Maria concebida sem pecado. (3x)

R: Rogai por nós que recorremos a vós! (3x)

Depois, os apóstolos se espalharam por diferentes países a fim de pregarem a Palavra de Deus. Mais tarde, a bem-aventurada Maria chegou ao final de sua vida, e foi chamada por Deus para sair deste mundo. Então todos os apóstolos vieram para reunir-se na casa de Maria e, ao saberem que ela devia sair do mundo, ficaram juntos velando. De repente, o Senhor apareceu com seus anjos, tomou a sua alma, entregou-a a Miguel, o arcanjo, e desapareceu. Ao amanhecer, os apóstolos tomaram o corpo, o puseram em uma maca e o colocaram em um túmulo, velando-o, enquanto aguardavam a vinda do Senhor. Novamente o Senhor se fez presente, de súbito, e ordenou que o santo corpo fosse erguido e levado ao paraíso sobre uma nuvem. Ali, reunido com a sua alma, encheu-se de alegria com os eleitos de Deus e desfruta das bênçãos da eternidade, que nunca terminarão.

(São Gregório de Tours († 594). Primeiro livro dos milagres: *A glória dos mártires*, cap. 4).

Reza-se a oração *Consagração à Nossa Senhora* **ou** *À vossa proteção*, **como no encarte (ou p. 9).**

Oração: Mãe santíssima, desde que vosso Filho escolheu seus apóstolos, vós os acompanhastes, fortalecendo-os e instruindo-os nos mistérios de Deus. No Cenáculo conduziste as orações de todos que, com medo dos judeus, ficavam trancados. Seria impossível que na hora de tua morte eles não demonstrassem, com suas presenças, o amor de filhos. Amém.

Em nome do Pai e do Filho e do
Espírito Santo. Amém.

V: Ó Maria concebida sem pecado. (3x)

R: Rogai por nós que recorremos a vós! (3x)

Por que quis deixá-la? [José] Escuta, não a minha opinião, mas dos Padres. A razão pela qual José quis deixar Maria é a mesma pela qual Pedro afastou de si o Senhor, dizendo-lhe: *Afasta-te de mim, Senhor, porque sou um homem pecador*. Também é o motivo pelo qual o centurião o afastava de sua casa com estas palavras: *Senhor, não sou digno de que entres em minha casa*. Do mesmo modo, José, julgando-se indigno e pecador, pensava que uma pessoa tão digna como Maria, cuja maravilhosa e superior dignidade admirava, não devia concordar em fazer vida comum com ele. Ele via, com sagrado assombro, que resplandecia nela a marca inconfundível da presença divina. Ante a profundidade do mistério, como homem que era, receou e quis deixá-la secretamente.

(São Bernardo († 1153)).

Reza-se a oração *Consagração à Nossa Senhora* ou *À vossa proteção*, como no encarte (ou p. 9).

Oração: Ó Mãe santíssima, Maria, dentre todas escolhida para trazer ao mundo o grande mistério do Filho de Deus feito homem, não poderias ter sido desposada por varão mais santo e fiel ao Senhor do que São José. Sua consciência delicada percebeu o mistério que te envolvia, e o Senhor transformou sua rejeição na grande vocação de pai adotivo de Jesus. Amém.

Em nome do Pai e do Filho e do
Espírito Santo. Amém.

V: Ó Maria concebida sem pecado. (3x)

R: Rogai por nós que recorremos a vós! (3x)

Nós nos atrevemos a dizer que, de todas as Escrituras, os evangelhos são as primícias e que, entre os evangelhos, estas primícias correspondem ao Evangelho de João, cujo sentido ninguém consegue compreender se não se inclinou sobre o peito de Jesus e não recebeu Maria por Mãe dos irmãos de Jesus. E para ser outro João é necessário fazer-se tal que, como João, cheguemos a nos sentir designados por Jesus como sendo o próprio Jesus. Porque Maria não tem mais filhos do que Jesus. Portanto, quando Jesus diz a sua Mãe: *eis aí o teu filho* e não "eis aí este homem, que é também teu filho", é como se dissesse: "Eis aí Jesus, a quem deste à luz". Realmente, quem alcança a perfeição já não é ele quem vive, é Cristo que vive nele (Gl 2,20) e, visto que Cristo vive nele, dele se diz a Maria: *Eis aí teu filho, Cristo.*

(Orígenes († 254). Comentário a Jo 1,4).

Reza-se a oração *Consagração à Nossa Senhora* ou *À vossa proteção*, como no encarte (ou p. 9).

Oração: Mãe santíssima de Deus e dos homens! O mistério da cruz de vosso Filho revelou um grande segredo. Sob a sombra da cruz todos se tornaram filhos teus, e a ti cabe agora nos alimentar com a Palavra de Deus, zelar por nós, vestir-nos de graça e santidade. Que teus cuidados maternais dispensados a teu Filho Jesus sejam também os meus. Amém.

Em nome do Pai e do Filho e do
Espírito Santo. Amém.

V: Ó Maria concebida sem pecado. (3x)

R: Rogai por nós que recorremos a vós! (3x)

Chegando o anjo a Maria e entrando onde ela estava, disse: "Alegra-te, agraciada. Aquela tua predecessora Eva, ao transgredir a lei, recebeu a sentença de dar à luz os filhos com dor. A ti, contudo, compete alegrar-te. Ela deu à luz Caim e com ele a inveja e o assassinato. Tu, porém, darás à luz um filho que trará a vida e a incorrupção. Alegra-te e dança. Alegra-te e pisa a cabeça da serpente. Alegra-te, agraciada. A maldição cessou, a corrupção foi eliminada, as coisas tristes passaram. Florescem as alegrias, torna-se presente o bem outrora anunciado pelos profetas. Já o Espírito Santo apontou para ti quando pelos lábios de Isaías disse: *Eis que uma virgem conceberá e dará à luz um filho*. Tu és aquela virgem. Encontraste um esposo que conservara tua virgindade, não que a corrompesse. Encontraste um esposo que pela tua grande bondade teria querido ser teu filho".

(São Gregório de Nissa († 392).
Sermão na anunciação).

Reza-se a oração *Consagração à Nossa Senhora* ou *À vossa proteção*, como no encarte (ou p. 9).

Oração: Ó Virgem santíssima, tu és aquela Virgem que trouxe ao mundo aquele que faz tudo florescer, que faz a água voltar a jorrar, que faz as árvores reverdejarem e o sol brilhar. Alegra-te, santíssima, e traz ao nosso mundo uma parcela de tua alegria, para que também nós nos regozijemos convosco. Amém.

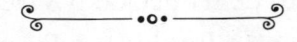

Em nome do Pai e do Filho e do
Espírito Santo. Amém.

V: Ó Maria concebida sem pecado. (3x)

R: Rogai por nós que recorremos a vós! (3x)

Eva foi chamada de mãe dos viventes depois de ter ouvido as palavras *és pó e ao pó retornarás*, isto é, após a queda. Parece estranho que ela receba um título tão grandioso precisamente depois de ter pecado. Vendo as coisas de fora se percebe que Eva é aquela da qual nasceu todo o gênero humano nesta terra. Maria Virgem, porém, realmente introduziu no mundo a vida mesma pelo fato de ter gerado o Vivente, de forma que se tornou a mãe dos viventes. Eva se tornou para os homens causa de morte, porque através dela a morte entrou no mundo. Maria, porém, foi causa de vida porque através dela a vida chegou até nós. Por isso o Filho de Deus veio ao mundo e *onde abundou o pecado, superabundou a graça.*

(Santo Epifânio de Salamina († 403). *Contra as heresias*, 78,17-18).

Reza-se a oração *Consagração à Nossa Senhora* ou *À vossa proteção*, como no encarte (ou p. 9).

Oração: Virgem santa, lírio entre os espinhos, durante toda a história da salvação fostes aquela que Deus preparou para substituir a queda dos primeiros pais e tornar-se a verdadeira *mãe dos viventes*. Vós gerastes o Vivente, aquele que gera e é a causa de toda vida verdadeira, que é teu Filho Jesus. Dai-nos ser filhos vivos para Deus e à graça, a exemplo de Jesus. Amém.

Em nome do Pai e do Filho e do
Espírito Santo. Amém.

V: Ó Maria concebida sem pecado. (3x)
R: Rogai por nós que recorremos a vós! (3x)

Ó manifestação de extraordinário amor! Inestimável, ardente caridade! Quem não fica assombrado frente à riqueza de tanto amor? Quem jamais esperaria que Ele, nascido de Deus antes de todos os séculos, teria nascido pelos homens no tempo e se tornaria homem de uma mulher? Por isso o apóstolo escreveu: *Quando veio a plenitude do tempo, Deus enviou o seu Filho, nascido de uma mulher, nascido sob a Lei, para redimir aqueles que estavam sob a Lei, para que recebessem a adoção de filhos.* Quem, eu digo, pensaria que aquele que conduz o mundo teria sido trazido pelos braços de uma mulher? Que aquele que é o pão dos anjos teria sido alimentado? Que o poder dos céus teria se tornado fraco? Que a vida de todos estaria morta? Por isso em todas essas coisas a alma de Maria glorifica o Senhor e o glorifica também a nossa.

(Ambrósio Autperto († 784). Sermão na Festa da Assunção, 208,7).

Reza-se a oração *Consagração à Nossa Senhora* ou *À vossa proteção*, como no encarte (ou p. 9).

Oração: Ah, Mãe santíssima, existe cena mais bela do que a do presépio, onde o Rei dos reis e Senhor dos senhores repousa gracioso, puro e belo nos teus braços, e teus olhos de Mãe contemplam-no em assombroso mistério? Não é esta uma cena de parar céu e terra para juntos adorarmos o Senhor? Amém.

✝

Em nome do Pai e do Filho e do
Espírito Santo. Amém.

V: Ó Maria concebida sem pecado. (3x)
R: Rogai por nós que recorremos a vós! (3x)

O que seria estranho se o Senhor, na sua misericórdia, tivesse concedido à Mãe, como antecipação,
aquilo que no fim do mundo dará a todos os santos, quando revestirá de imortalidade os seus corpos
mortais? [...] É bem provável que a ressurreição da
Mãe de Deus tenha precedido, como antecipação, a
dos outros; já durante a sua vida terrena o havia precedido nas boas obras. Não devemos duvidar da sua
morte, porque também a encontramos na realidade
humana de seu Filho; mas em relação à morte ela
mereceu de não sucumbir por longo tempo. A carne
dela assunta tinha vencido a morte com a ressurreição, e o Filho, ascendido ao céu na sua majestade,
certamente tinha o poder de atrair a Mãe com a sua
misericórdia. Não há nenhuma dúvida de que Ele a

tornou participante da própria glória e a constituiu senhora do mundo inteiro.

(Attone de Vercelli († 960). Discurso 17).

Reza-se a oração *Consagração à Nossa Senhora* ou *À vossa proteção*, como no encarte (ou p. 9).

Oração: Todos nascemos para o alto, ó Mãe celeste, mas pela vossa ressurreição e de vosso Filho já gozais da bem-aventurança eterna, lá onde repousa a nossa esperança. Todos teremos de fazer a experiência da morte, como teu Filho e vós, mas, ao contrário dos de pouca fé, a morte para nós é apenas uma passagem rumo aos prados verdejantes onde o Senhor nos leva a descansar. Amém.

Em nome do Pai e do Filho e do
Espírito Santo. Amém.

V: Ó Maria concebida sem pecado. (3x)

R: Rogai por nós que recorremos a vós! (3x)

O anjo disse: *O Espírito Santo virá e o poder do Altíssimo te cobrirá com sua sombra.* E por que o anjo não mencionou o nome do Pai, mas o nome de seu poder e o nome do Espírito Santo? Porque convinha que viesse o Arquiteto das obras da criação, e endireitasse o edifício que tinha caído, e que, com o seu calor, o Espírito santificasse os edifícios sujos. Se o Pai lhe deu o juízo futuro, é manifesto que através dele tem igualmente trazido a cumprimento seja a criação dos homens seja a sua restauração. Ele tem sido o brasa acesa[2], que veio para queimar as sarças e espinhos. Ele habitou no seio e o purificou e santificou o lugar das dores de parto e as maldições. Se a chama que Moisés viu umedecia a sarça, e de

---

2. Referência a Is 6,1-6.

seu fogo destilava uma gordura, e aparecia na sarça como ouro refinado, que entra no fogo e não é consumido, (isto aconteceu) para dar a conhecer o fogo vivo, que virá ao final dos tempos, que irrigou e umedeceu o seio da Virgem e o revestiu, como o fogo da sarça.

(Santo Efrém († 373). *Diatessaron*, I, 4, 25).

Reza-se a oração *Consagração à Nossa Senhora* ou *À vossa proteção*, como no encarte (ou p. 9).

Oração: Virgem santíssima, é um mistério grande demais para a compreensão humana meditar sobre tua gravidez. Como pôde o Imenso e Incomensurável caber no ventre santificado de uma mulher? Assim como o fogo da sarça, não queimastes, Senhor, vossa Mãe, pelo contrário, a tornastes mais bela ainda. Louvor a ti! Amém.

✝

Em nome do Pai e do Filho e do
Espírito Santo. Amém.

V: Ó Maria concebida sem pecado. (3x)

R: Rogai por nós que recorremos a vós! (3x)

As palavras dos profetas a respeito dele: *A Virgem conceberá e dará à luz um Filho*, são conhecidas por todos, e são citadas nos evangelhos mais de uma vez. O Profeta Ezequiel também previu a maneira extraordinária do nascimento, chamando Maria figurativamente de "o pórtico do Senhor"; o pórtico, isto é, através do qual o Senhor veio ao mundo. Pois Ele disse: *O pórtico que está fronteiro ao oriente ficará fechado. Ninguém o abrirá, ninguém aí passará, porque o Senhor, Deus de Israel, aí passou; ele permanecerá fechado.* O que poderia ser dito com mais clara referência à preservação da condição inviolável da virgem? Esse portão da virgindade foi fechado; através dele o Senhor Deus de Israel entrou; através dele saiu do seio da virgem para este mundo; e o estado virginal manteve-se inviolável, e o pórtico da virgem permaneceu fechado para sempre. Portanto, o Espírito Santo é mencionado como o Criador da carne do Senhor e do seu templo.

(Rufino de Aquileia († 411/412).
Comentário ao símbolo 8).

Reza-se a oração *Consagração à Nossa Senhora* ou *À vossa proteção*, como no encarte (ou p. 9).

Oração: Ó Virgem imaculada, o Senhor foi gerado no teu ventre; Ele veio ao mundo saindo de teu ventre e consagrando para sempre a tua virgindade. Vós fostes virgem antes do parto, no parto e após o parto, porque a dignidade daquele que de ti nasceu assim o exigiu. Concede-nos também a graça de vivermos bem a nossa castidade, conforme o nosso estado de vida. Amém.

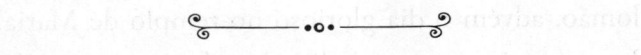

Em nome do Pai e do Filho e do
Espírito Santo. Amém.

V: Ó Maria concebida sem pecado. (3x)
R: Rogai por nós que recorremos a vós! (3x)

Salomão celebrou com grande solenidade a inauguração de um templo de pedra. Como não celebraremos o de Maria, templo de Deus encarnado? Naquele dia a glória de Deus desceu sobre o Templo de Jerusalém em forma de nuvem, que o obscureceu. *Yahweh disse que habitaria na escuridão*, disse Salomão na sua oração a Deus (2Cr 6,1). Este novo templo se encontrará cheio pelo próprio Deus, que vem para ser luz das nações. Às trevas da gentilidade e falta de fé judaica, presididas pelo templo de Salomão, advém o dia glorioso no templo de Maria. Justo é, pois, cantar este dia e àquela que nasce nele. Mas como celebrá-lo dignamente? Podemos explicar as façanhas de um mártir ou as virtudes de um santo, porque são humanas. Porém, como poderia a palavra mortal e efêmera exaltar aquela que deu de si a Palavra que permanece? Como dizer que o Criador nasce da criatura?

(São Pedro Damião († 1072). Sermão 2 do natalício de Nossa Senhora).

Reza-se a oração *Consagração à Nossa Senhora* ou *À vossa proteção*, como no encarte (ou p. 9).

Oração: Ó divino templo do Senhor! Vós sois, Mãe santíssima, templo de Deus pelo mistério da Encarnação do Verbo, e não existe templo material que exceda a tua beleza. Também nós, os teus filhos, pelo batismo somos templos da Trindade que habita e mora em nós. Em nosso interior reside não o mistério, mas o Deus do mistério. Amém.

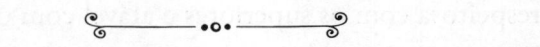

Em nome do Pai e do Filho e do
Espírito Santo. Amém.

V: Ó Maria concebida sem pecado. (3x)

R: Rogai por nós que recorremos a vós! (3x)

Que direi das outras virtudes que adornam a Maria? É virgem no corpo e virgem na alma, pura de afetos desordenados. Humilde de coração, prudente no juízo, grave e comedida no falar, recatada no trato, amiga do trabalho. Desprezadora de vãs riquezas, espera mais da pobreza, a quem Deus ouve, e não do conselho humano, com frequência apaixonado e falaz. Não ofende a ninguém, serve a todos; é respeitosa com os superiores e afável com os iguais. Inimiga de honras mundanas, rege suas ações com os ditames da razão, movendo-se somente por amor da virtude. Jamais descontentou a seus pais nem no menor dos gestos. Nunca atormentou ao humilde, nem menosprezou o fraco, nem virou as costas ao necessitado, nem teve trato com homens, além do que pedia a misericórdia e tolerava o pudor. Seus olhos não conheceram o fogo da luxúria, nem em suas palavras soaram acentos de insolência, nem em sua continência nunca faltou a decência.

(Santo Ambrósio († 397). *Tratado da virgindade*, 2,2).

Reza-se a oração *Consagração à Nossa Senhora* ou *À vossa proteção*, como no encarte (ou p. 9).

Oração: Maria santíssima, Mãe de todas as virtudes e protótipo perfeito da Igreja, ilumina-nos, ampara-nos, guia-nos, fortalece-nos. Sede, ó Mãe, modelo de virtudes no meu dia a dia. Que com tua graça e presença eu consiga ser cada dia mais perfeito aos teus olhos e do nosso Jesus. Amém.

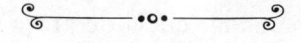

✝

Em nome do Pai e do Filho e do
Espírito Santo. Amém.

V: Ó Maria concebida sem pecado. (3x)

R: Rogai por nós que recorremos a vós! (3x)

Esta virtude desceu sobre os apóstolos para fortalecê-los contra o ataque de qualquer outro poder contrário, e desceu sobre eles com os dons necessários para que fosse eficaz e pudessem confirmá-la com todo tipo de milagres, demonstrando que Cristo tinha cumprido suas promessas. Porém, sobre Maria desceu o Espírito divino com todos os dons essenciais, os quais moram nela em razão de sua dignidade, inundando-a de graça para que, com razão, pudesse ser chamada "cheia de graça". Sempre conservou esta virtude em força da concepção do Verbo, e é de crer que não lhe foi concedida temporalmente, mas agora, no presente e por toda a eternidade, tem a Virgem essa plenitude do Espírito Santo e essa virtude do Altíssimo.

(Santo Atanásio (✝ 373). *Sermo in annuntiat. Deiparae* 14).

Reza-se a oração *Consagração à Nossa Senhora* ou *À vossa proteção*, como no encarte (ou p. 9).

Oração: Ó Mãe cheia de graça e de amor! Em ti reside a plenitude de graças porque, enquanto aos outros as virtudes foram dadas gradativamente, uma a uma, a ti foram concedidas todas de uma vez. Ser "cheia de graça" é para ti um imperativo, porque aquele que é a fonte de toda graça de ti nasceu. Amém.

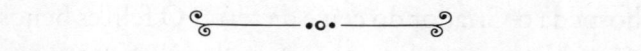

Em nome do Pai e do Filho e do
Espírito Santo. Amém.

V: Ó Maria concebida sem pecado. (3x)

R: Rogai por nós que recorremos a vós! (3x)

Ó bem-aventurada Maria, digníssima de todo
louvor! Oh, Mãe gloriosa! Ó Mãe em cujo ventre se
hospeda o Criador do céu e da terra! Ó felizes beijos
os desta Mãe, quando Jesus lhe dirigia as primeiras
carícias infantis, como seu verdadeiro Filho, enquanto imperava como verdadeiro Deus unigênito
do Pai! Pois em tua concepção, ó Maria!, deste à luz,
no tempo, uma criança que era Criador desde a eternidade. Ó feliz nascimento, alegria dos anjos, dese-
jado pelos santos! Recebeu injúrias, foi cruelmente
açoitado, bebeu fel e foi sujeito a um patíbulo para
demonstrar, padecendo, que era verdadeiro homem
e, por isso, que eras tu sua verdadeira Mãe. Pobre de
talento, que posso eu dizer, quando tudo o que eu
dissesse de ti seria louvor miserável, sendo tão alta a
tua dignidade? Chamar-te-ei céu? Tu és mais elevada

que o céu. Chamar-te-ei Mãe das gentes? É pouco [...]. Figura de Deus? [...] Realmente és mui digna. Senhora dos anjos? [...] Ah, o demonstra suficientemente em todas as coisas!

(Santo Agostinho († 430). Sermão na Festa da Assunção).

Reza-se a oração *Consagração à Nossa Senhora* **ou** *À vossa proteção*, **como no encarte (ou p. 9).**

Oração: Amada Mãe, Maria! Dentre todas a mais bela. O mistério da Encarnação do Verbo ecoa através dos séculos, e junto com ele a tua maternidade divina. É impossível separá-los. O Verbo verdadeiramente se fez carne e habitou entre nós cheio de graça e verdade; e se fez carne em teu ventre, ó santa Mãe de Deus! Amém.

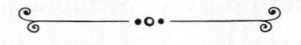

Em nome do Pai e do Filho e do
Espírito Santo. Amém.

V: Ó Maria concebida sem pecado. (3x)
R: Rogai por nós que recorremos a vós! (3x)

Sentas-te coroada à direita de teu Filho muito
amado, entronizada sobre os coros angélicos, sobre
os tronos dos apóstolos e profetas e de todos os cida-
dãos celestiais. Ali são recitados publicamente teus
méritos, celebrados gloriosamente teus elogios e
pregados com veneração e devoção por todos os teus
louvores e prerrogativas [...]. Esta coroa que te ofereço, Senhora, certamente é de ouro; porque assim
como o ouro supera em excelência a todos os metais,
assim também tu superas, Senhora, a quanto existe
no céu e na terra. Ante ti se dobra todo joelho no céu,
na terra e no inferno, e toda língua confessa que és a
Mãe de Nosso Senhor Jesus Cristo na glória de Deus
Pai, revestida do sol como uma veste, coroada com
um diadema esplendoroso de doze estrelas, decora-
do de glória e fulgor; e assim como o ouro é ilustre

por sua claridade e brilho e belo por sua forma, assim tu, Senhora, és claríssima em santidade, fulgentíssima em virtudes e milagres, radiantíssima em ilustres méritos, formosa e bela de alma e de corpo.

(Santo Ildefonso de Toledo († 667). Coroa da Santíssima Virgem, cap. 1).

Reza-se a oração *Consagração à Nossa Senhora* ou *À vossa proteção*, como no encarte (ou p. 9).

Oração: Divina Rainha e Mãe admirável. Fostes coroada pelo céu e pela terra. Teus devotos filhos em todas as partes te coroam, as crianças te coroam e te chamam de Rainha do céu e da terra. No céu, tua coroa te enobrece acima dos apóstolos, dos anjos e santos, porque tu és verdadeiramente a Mãe de Deus! Amém.

Em nome do Pai e do Filho e do
Espírito Santo. Amém.

V: Ó Maria concebida sem pecado. (3x)
R: Rogai por nós que recorremos a vós! (3x)

Quando, em tempos passados, se escutou que uma mulher seria constituída Mãe de Deus? Quando jamais se disse que Deus seria filho de mulher? Quando uma natureza humana esteve colocada acima dos querubins, se manifestou através de um milagroso nascimento e dominou todas as coisas? Quem ensinou aos seres celestiais e terrestres que adorariam a um só Deus indivisível, nesse lodo divinizado e nesse pó enaltecido às alturas? Quem ergueu até os céus a ínfima insignificância do homem, tendo-o feito ultrapassar os seus limites naturais, mediante a graça da deificação, e abriu um caminho desconhecido ao ser humano, tornando-o concidadão dos anjos? Estas coisas maravilhosas já se realizaram manifestamente em mim e por elas tenho alcançado um esplendor e uma glória tão grandes. Com razão, por isso *me chamarão bem-aventurada todas as gerações, pois Ele fez em mim coisas maravilhosas, aquele que é poderoso e cujo nome é santo.*

(Santo André de Creta († 740). Sermão 6 na Festa da Dormição de Nossa Senhora).

Reza-se a oração *Consagração à Nossa Senhora* ou *À vossa proteção*, como no encarte (ou p. 9).

Oração: Mãe de Deus e Senhora nossa, Maria. Na tua elevação às alturas levaste contigo todo o gênero humano, pois tu és filha de nossa raça. Juntamente com teu Filho, abriste para o homem realidades desconhecidas e nunca antes sonhadas. O pó de Adão foi chamado por Jesus e por ti a se divinizarem e participarem da vida do céu. Amém.

Em nome do Pai e do Filho e do
Espírito Santo. Amém.

V: Ó Maria concebida sem pecado. (3x)
R: Rogai por nós que recorremos a vós! (3x)

Este é o Espírito Santo que veio a Santa Maria
Virgem. Pois, como se tratava de gerar a Cristo, o
Unigênito, a força do Altíssimo a cobriu com a sua
sombra e o Espírito Santo, aproximando-se dela até
bem perto, a santificou para isso, para que pudesse
ter em seu interior aquele por quem tudo foi feito.
Não necessito muitas palavras para que compreen-
das que esta gestação esteve livre de toda mancha
e contaminação, como já vos ensinei. Foi Gabriel
quem disse a ela: sou mensageiro e arauto do que
está para acontecer, mas eu não participo da opera-
ção. Pois embora eu seja arcanjo, sou conhecedor de
minha ordem e de meu ofício. Anuncio-te a alegria,
mas não é por graça minha que darás à luz: *O Espíri-*
to Santo virá sobre ti e o poder do Altíssimo te cobrirá

com a sua sombra; por isso aquele que nascer de ti será santo e será chamado Filho de Deus.

(São Cirilo de Jerusalém († c. 386).
Catequese, 17,6).

Reza-se a oração *Consagração à Nossa Senhora* ou *À vossa proteção*, como no encarte (ou p. 9).

Oração: Divino Espírito Santo, terceira Pessoa trinitária e Deus Amor. Envolvestes a Virgem com tua sombra, isto é, com o teu mistério divino, e ela ficou grávida de ti. É possível compreender tal mistério? Certamente, nem no céu o compreenderemos totalmente, mas já nesta terra é possível contemplá-lo amorosamente. Amém.

Em nome do Pai e do Filho e do
Espírito Santo. Amém.

V: Ó Maria concebida sem pecado. (3x)
R: Rogai por nós que recorremos a vós! (3x)

Sem dúvida, as nutrizes hoje chamam "maná" ao
primeiro manar de leite, por homonímia com aquele alimento. As mulheres grávidas, quando chegam
a ser mães, manam leite; porém Cristo, o Senhor,
o fruto da Virgem, não chamou bem-aventurados
aqueles seios, nem os julgou nutrícios, pois quando
o Pai, amante e bondoso, derramou o orvalho de
seu Verbo, Ele mesmo se tornou alimento espiritual
para os que praticam a virtude. Admirável mistério!
Um é o Pai de todos, um o Verbo de todos, e um o
Espírito Santo, o mesmo em todo lugar; uma única
Virgem que se tornou Mãe; me compraz chamá-la
Igreja. Esta Mãe única não teve leite, porque é a
única que não foi mulher; ela é ao mesmo tempo
virgem e Mãe; íntegra como virgem, cheia de amor,
como Mãe. Ela chama a seus filhos por seu nome e

os alimenta com o leite santo, com o Verbo nutrício. Não teve leite porque o leite era esse menino pequeno, bonito e familiar, isto é, o corpo de Cristo.

(São Clemente de Alexandria († c. 215).
O pedagogo, I, 6, 41-42).

Reza-se a oração *Consagração à Nossa Senhora* ou *À vossa proteção*, como no encarte (ou p. 9).

Oração: Mãe dos filhos de Adão! Pelo mistério da Encarnação do Verbo conheceis a cada um dos teus filhos pelo seu nome, assim como uma mãe zelosa e dedicada o faria. Mas como nos guardará a todos, Mãe, se somos milhões? Verdadeiramente, tua vida inteira é envolta no mistério de um Deus de amor. Amém.

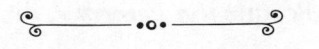

✝

Em nome do Pai e do Filho e do
Espírito Santo. Amém.

V: Ó Maria concebida sem pecado. (3x)
R: Rogai por nós que recorremos a vós! (3x)

Nasceu (Jesus), pois, no dia de hoje de uma Virgem que venceu a natureza e superou as núpcias. Porque convinha ao Dispensador da santidade vir à luz mediante um parto cheio de pureza e de santidade. Porque é Ele quem, em outro tempo, de uma terra virgem formou a Adão; e de Adão, sem intervenção de mulher, formou a mulher; e assim como Adão sem mulher produziu a mulher, assim hoje deu à luz a um homem uma Virgem sem concurso de varão. Porque *um homem é*, diz a Escritura; *e quem o conhecerá?* A linhagem das mulheres tinha uma dívida com os homens, já que Adão tinha produzido a mulher sem o concurso de mulher; por isso hoje uma Virgem deu à luz sem concurso de varão, e pagou, por Eva, a dívida ao varão. Para que Adão não se ensoberbecesse por ter produzido a mulher sem concurso de mulher, a mulher sem concurso de varão deu à luz a um varão para manifestar, pelo vínculo do milagre, a igualdade de natureza com o varão.

(São João Crisóstomo († 407). Segundo sermão do natalício de Jesus).

Reza-se a oração *Consagração à Nossa Senhora* ou *À vossa proteção*, como no encarte (ou p. 9).

Oração: Outrora, Mãe, o mundo caíra em Adão e Eva, e todos nascemos sujeitos a fraqueza e inimizade com Deus; agora, porém, por ti e graças a teu "sim", podemos novamente viver em igualdade e principalmente na amizade com Deus. *Já não há homem nem mulher [...] todos vós sois um só em Cristo Jesus.* Amém.

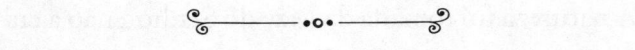

✝

Em nome do Pai e do Filho e do
Espírito Santo. Amém.

V: Ó Maria concebida sem pecado. (3x)

R: Rogai por nós que recorremos a vós! (3x)

Para conseguir isto [vencer o demônio] Cristo foi concebido de uma Virgem sem intervenção humana, sendo fecundada não por contato de varão, mas pelo Espírito Santo. Nenhuma mãe concebe sem a mancha do pecado, que depois se transmite para a sua descendência. Contudo, onde não houve intervenção paterna na concepção, tampouco se misturou o pecado nela. A virgindade intacta não soube de concupiscência, mas forneceu a substância. A natureza foi tomada da Mãe do Senhor, não a culpa. Foi criada na forma de servo, mas sem condição servil, pois o homem novo de tal maneira se uniu ao velho, que mesmo recebendo sua verdadeira carne, excluiu, porém, os defeitos de sua imperfeição.

(São Leão Magno (✝ 461). Segundo sermão no natalício do Senhor).

Reza-se a oração *Consagração à Nossa Senhora* ou *À vossa proteção*, como no encarte (ou p. 9).

Oração: Virgem santíssima, flor incontaminada do jardim de Deus, o desígnio que coube a ti é grande. Nossa natureza caída e sujeita a corrupção contou com teu "sim" para a sua restauração. Fazei, santíssima Virgem, que a graça prevaleça sobre a culpa, e a verdade sobre o erro. Amém.

Em nome do Pai e do Filho e do
Espírito Santo. Amém.

V: Ó Maria concebida sem pecado. (3x)

R: Rogai por nós que recorremos a vós! (3x)

Hoje Maria subiu ao céu chamada por Deus, e recebeu da mão do Senhor, junto com a palma da virgindade, a coroa incorruptível. Hoje foi acolhida e entronizada no Reino. Hoje entrou no tálamo nupcial, porque foi ao mesmo tempo virgem e esposa. Hoje, realmente escutou a suave voz daquele que lhe falava de sua sede: "Vem, amada minha, e te colocarei sobre meu trono, pois enamorado está o rei com tua beleza". Ante tal convite, estamos persuadidos de que, alegre e exultante, desligou-se daquela bem-aventurada alma e se dirigiu ao encontro do Senhor, e ali ela mesma tornou-se trono, ela que, na carne, havia sido o templo da divindade. Tanto mais formosa e maravilhosa do que os outros quanto mais resplandecente brilhou pela graça. Esta é, com certeza, irmãos, a recompensa divina, da qual se disse: *Quem se humilha será exaltado*. Como estava fundamentada sobre uma profunda humildade e dilatada na caridade, por isso hoje foi exaltada de forma tão sublime.

(Pascasio Radberto († c. 859). Sermão 3).

Reza-se a oração *Consagração à Nossa Senhora* ou *À vossa proteção*, como no encarte (ou p. 9).

Oração: Maria santíssima, entronizada no Reino acima de todos os querubins e serafins. Tua morte não foi paga do pecado, nem consequência da doença e da dor, mas uma exalação de amor entre a tua alma e a do teu esposo divino. Humilde serva do Senhor que muito amou, rogai por nós! Amém.

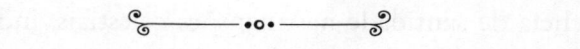

Em nome do Pai e do Filho e do
Espírito Santo. Amém.

V: Ó Maria concebida sem pecado. (3x)
R: Rogai por nós que recorremos a vós! (3x)

Observa quão apropriado brilhou por toda a terra, já antes da assunção, o admirável nome de Maria e se difundiu por toda parte sua insigne fama, antes que sua majestade fosse exaltada sobre os céus. Convinha, de fato, que a Mãe virgem, pela honra devida a seu Filho, reinasse primeiro na terra e, assim, logo penetrasse gloriosa no céu; convinha que fosse dignificada aqui embaixo, para penetrar, em seguida, cheia de santidade nas mansões celestiais, indo de virtude em virtude e de glória em glória por obra do Espírito do Senhor. Sendo assim, durante a sua vida mortal, degustava antecipadamente as primícias do Reino futuro, seja elevando-se até Deus com inefável sublimidade, seja descendo até os seus próximos com indescritível caridade. Os homens a serviam, os homens lhe tributavam sua veneração. Gabriel e os anjos a assistiam em seus trabalhos; também os apóstolos cuidavam dela, especialmente São João, feliz de que o Senhor, na cruz, lhe encomendara sua Mãe virgem, a ele, igualmente virgem. Aqueles se alegravam de contemplar a sua Rainha, estes a sua Senhora, e ambos se esforçavam em agradá-la com sentimentos de piedade e devoção.

(Santo Amadeo de Lausanne († 1159).
Sermão 7).

Reza-se a oração Consagração à Nossa Senhora **ou** À vossa proteção, **como no encarte (ou p. 9).**

Oração: Nós te louvamos, amamos, bendizemos e te damos glória, Rainha e Soberana do universo. Vosso Filho te escolheu desde toda a eternidade para ser a Mãe-Virgem dele mesmo. Os céus pasmaram e ficaram em silêncio! A terra caiu em desassombro quando diante de tão grande acontecimento foi revelado o plano salvífico de Deus! Intercede por nós, ó onipotência suplicante. Amém.

Em nome do Pai e do Filho e do
Espírito Santo. Amém.

V: Ó Maria concebida sem pecado. (3x)

R: Rogai por nós que recorremos a vós! (3x)

Pela plenitude de tua graça, o que estava cativo no inferno se alegra por sua libertação, e o que estava acima do mundo se regozija pela sua restauração. Realmente, pelo poder do Filho glorioso de tua gloriosa virgindade, os justos que faleceram antes da morte vivificadora de Cristo se alegram de que tenha sido destruído o seu cativeiro, e os anjos felicitam-se ao ver restaurada a sua cidade média destruída. Ó mulher cheia de graça, superabundante graça, cuja plenitude transborda à criação inteira e a faz reverdecer! Ó Virgem abençoada, abençoada acima de tudo, por tua bênção fica abençoada toda criatura, não só a criação pelo Criador, mas também o Criador pela criatura! Deus entregou para Maria seu próprio Filho, o único igual a Ele, a quem gera de seu coração como amando-se a si mesmo. Valendo-se de

Maria, Deus fez um Filho para si, não distinto, mas o mesmo, para que realmente fosse um e o mesmo, o Filho de Deus e o de Maria!

(Santo Anselmo de Cantorbery († 1109). Sermão 52).

Reza-se a oração *Consagração à Nossa Senhora* ou *À vossa proteção*, como no encarte (ou p. 9).

Oração: Ó santíssima *Theotókos*, *Mãe de Deus*, seria impossível teres este título se o Jesus que geraste no teu ventre não fosse o mesmo que abeterno é gerado pelo Pai. A tua luz esclareceu a luz do Filho na história da Igreja. Sabendo que sois Mãe de Deus, sabemos que Jesus é divino. Obrigado, Senhor Jesus, pela Mãe que nos destes, e que é tua! Amém.

Em nome do Pai e do Filho e do
Espírito Santo. Amém.

V: Ó Maria concebida sem pecado. (3x)

R: Rogai por nós que recorremos a vós! (3x)

Proclama a grandeza do Senhor a alma daquele
que consagra todos os seus afetos interiores ao louvor e ao serviço de Deus e, com a observância dos
preceitos divinos, demonstra que nunca esquece as
proezas da majestade divina. Alegra-se em Deus,
seu Salvador, o espírito daquele cujo deleite consiste
unicamente na lembrança de seu Criador, de quem
espera a salvação eterna. Estas palavras, embora sejam aplicáveis a todos os santos, encontram seu lugar
mais propício nos lábios da Mãe de Deus, já que ela,
por um privilégio único, ardia em amor espiritual
para aquele que trazia corporalmente em seu seio.
Com certeza, ela pode alegrar-se, mais do que qualquer outro santo, em Jesus, seu Salvador, já que sabia
que aquele mesmo ao qual reconhecia como eterno
autor da salvação havia de nascer de sua carne, gerado

no tempo, e havia de ser, em uma mesma e única pessoa, seu verdadeiro Filho e Senhor.

(São Beda († 735/736). Sermão).

Reza-se a oração *Consagração à Nossa Senhora* ou *À vossa proteção*, como no encarte (ou p. 9).

Oração: *Magnificat, glorificado seja o meu Senhor*! Que canto belo! Que canto inspirado! Recapitulando as orações do Antigo Testamento, Maria proclama a grandeza de Deus e as maravilhas que Ele opera no meio dos homens. Nós, também, Maria, te glorificamos e proclamamos as maravilhas que Deus operou em ti e por ti a toda a humanidade. Amém.

Em nome do Pai e do Filho e do
Espírito Santo. Amém.

V: Ó Maria concebida sem pecado. (3x)

R: Rogai por nós que recorremos a vós! (3x)

O Anjo Gabriel foi enviado por Deus a uma cida-de da Galileia, chamada Nazaré, a uma virgem des-posada com um homem chamado José. O evangelista define o lugar, o tempo e a pessoa, para que a verdade do relato possa ser comprovada com os claros indícios dos próprios acontecimentos. O anjo – diz – foi envia-do a uma virgem desposada. Deus envia à Virgem um alado mensageiro, pois dá as garantias e recebe como dote aquele que é portador da graça, restabelece a confiança, entrega os dons da virtude e tem a mis-são de dar pronta resolução ao consentimento virgi-nal. Voa rápido à esposa de Deus o veloz intérprete, para afastar e deixar em suspenso o afeto da esposa de Deus para os humanos esponsais; de maneira que sem separar a Virgem de José, ela seja devolvida a Cristo, a quem estava destinada desde o ventre materno. Cristo recebe sua esposa, não se apodera da alheia; nem cria separação, quando une consigo a sua toda inteira criatura em um só corpo.

(São Pedro Crisólogo († 450). Sermão 140).

Reza-se a oração *Consagração à Nossa Senhora* ou *À vossa proteção*, como no encarte (ou p. 9).

Oração: Ó Virgem Maria, esposa destinada a permanecer virgem após o parto, olhai com bondade para vossos filhos e apurai o nosso ouvido para que seja capaz de ouvir as mais suaves sugestões e graças que o nosso santo anjo da guarda nos traz. Dai-nos a graça de sermos fiéis e obedientes às suas palavras, e a termos nele sempre um bom amigo. Amém.

Em nome do Pai e do Filho e do
Espírito Santo. Amém.

V: Ó Maria concebida sem pecado. (3x)

R: Rogai por nós que recorremos a vós! (3x)

Verdadeiramente, *bendita és tu entre as mulheres*, pois mudaste a maldição de Eva em bênção; pois fizeste que Adão, que jazia prostrado por uma maldição, fosse abençoado através de ti. Verdadeiramente, *bendita tu és entre as mulheres*, pois através de ti a bênção do Pai brilhou para os homens e os libertou da antiga maldição. Verdadeiramente, *bendita és tu entre as mulheres*, pois através de ti teus progenitores encontram a salvação, pois tu tens gerado ao Salvador que lhes concederá a salvação eterna. Verdadeiramente, *bendita és tu entre as mulheres*, pois sem concurso de varão trouxeste à luz aquele fruto que é bênção para o mundo inteiro, ao qual redimiu da maldição que só produzia espinhos. Verdadeiramente, *bendita és tu entre as mulheres*, pois apesar de ser uma mulher, criatura de Deus como todas as outras, chegaste a ser, verdadeiramente, Mãe de Deus. Pois aquele que nascerá de ti é, de verdade, o Deus feito homem, e, portanto, com toda justiça e toda razão, te chamas Mãe de Deus, pois verdadeiramente dás à luz a Deus.

(São Sofrônio de Jerusalém († 639).
Sermão 2 na anunciação).

Reza-se a oração *Consagração à Nossa Senhora* ou *À vossa proteção*, como no encarte (ou p. 9).

Oração: Ó Virgem Maria! Quem encontrará palavras adequadas para prestar teus louvores? Fostes chamada "cheia de graça" pelo anjo, "bendita entre todas as mulheres", por Isabel; que mais poderemos dizer, ó Mãe do belo amor, Mãe digna de amor; Mãe do Criador e Salvador [...], Virgem fiel, seja sempre fiel a tua missão de Mãe, e jamais se esqueça de nós, teus pobres filhos. Amém.

MEDITAÇÕES-RESERVA

✝

Em nome do Pai e do Filho e do
Espírito Santo. Amém.

V: Ó Maria concebida sem pecado. (3x)
R: Rogai por nós que recorremos a vós! (3x)

O que diremos, irmãos? Acaso não és nossa
Mãe? Na verdade, irmãos, ela é nossa Mãe. Por ela
nascemos não para o mundo, mas para Deus. Como
sabeis e credes, todos nós estávamos no reino da
morte, no domínio da decadência, nas trevas, na
miséria. No reino da morte, porque tínhamos perdido ao Senhor; no domínio da decadência, porque
vivíamos na corrupção; nas trevas, porque tínhamos
perdido a luz da sabedoria, e, como consequência,
tínhamos perecido completamente. Contudo, mediante Maria, nascemos de uma forma muito mais
admirável do que por meio de Eva, já que por Maria
nasceu Cristo. Em vez da antiga decadência, recu-
peramos a novidade de vida; em vez da corrupção, a
incorrupção; em vez das trevas, a luz. Maria é nossa

Mãe, a Mãe de nossa vida, a Mãe de nossa incorrupção, a Mãe de nossa luz.

(Santo Elredo de Rievaulx († 1167). Sermão 20 na natividade de Maria).

Reza-se a oração *Consagração à Nossa Senhora* ou *À vossa proteção*, como no encarte (ou p. 9).

Oração: Verdadeiramente, ó Mãe santíssima, vós sois luz para teus filhos e para o mundo, porque dando à luz àquele que disse "Eu sou a luz do mundo", iluminastes a todo homem. Teu "sim" foi uma fonte de luz a se irradiar em ti mesma, e depois no mundo por meio do teu Filho. Que toda treva e escuridão de nosso coração sejam dissipadas pela luz que veio de ti, teu Filho Jesus. Amém.

✝

Em nome do Pai e do Filho e do
Espírito Santo. Amém.

V: Ó Maria concebida sem pecado. (3x)

R: Rogai por nós que recorremos a vós! (3x)

Cantai ao Senhor um cântico novo, porque fez maravilhas. Aquele que é o *reflexo da glória do Pai e imagem do seu ser* quis assumir a natureza humana da puríssima virgem Maria. Aquele que subsiste na mesma natureza divina do Pai se dignou fazer-se semelhante a nós em nossa pobreza. Gerado antes da aurora, ao final dos tempos quis ter uma mãe. Para a Sabedoria eterna do Pai se edificou um templo, não construído por homens, no seio da Santíssima Virgem, e *habitou entre nós*, porque, como está escrito: *Deus não habita em templos construídos por mãos humanas.* Veio para ser um de nós, Ele que não abandona o seio do Pai, e é glorificado acima dos tronos dos querubins. Somente Ele, com o Espírito Santo, conhece o Pai; e Ele é conhecido unicamente pelo Pai e o Espírito Santo; e sentado sobre um trono igual, tem idêntico poder real, goza da mesma e imensa glória em sua única natureza, e em toda a criação encontra-se acima de todo o criado. Sendo *Rei dos reis e Senhor dos senhores*, veio aos seus servos; e *não há proporção entre a culpa e o dom*, somente que este transborda de tal forma da malícia, trazendo a felicidade para a humanidade desgraçada, e repartindo com abundância, aos culpáveis, os dons inestimáveis.

(Teódoto de Ancira († séc. V). Sermão).

Reza-se a oração *Consagração à Nossa Senhora* ou *À vossa proteção*, como no encarte (ou p. 9).

Oração: Ó Torre de Davi, Tabernáculo da eterna glória! Vós sois, verdadeiramente, Virgem-Mãe, a sede onde Deus quis ser concebido e nascer. Vós sois a sede onde Ele foi acalentado e alimentado. Vós sois a sede onde Ele, recém-nascido, foi aquecido nos teus braços carinhosos e com teu sorriso meigo. Obrigado, Mãe, pelo teu sim, pelo teu Jesus, pelo meu Jesus. Amém.

Cantemos a glória de Maria e seu Filho

Responsório: Glória a ti, Senhor, a quem adoram gozosos os céus e a terra!

1) Assombrei-me de Maria, dando de mamar
àquele que dá seu alimento às nações, que se fez um pequeno menino.
Habitou no seio de uma jovem,
embora todos os mundos estejam cheios dele.

2) A filha de uma família pobre veio a ser a Mãe
do Rico a quem lhe apressou seu amor.
O Fogo está no seio da Virgem,
mas ela não se queima com a sua chama.

3) Ela acaricia, abraça um carvão aceso,
mas não se lastima ao levá-lo nos braços.
A chama assumiu um corpo,
e se lançou nas mãos de Maria.

4) O grande sol se contraiu, se atenuou
numa nuvem brilhante[3].
A donzela veio a ser a Mãe daquele
que gerara a Adão e ao mundo.

5) Ela o levava em seus braços, o embalava
com suaves canções, e o agradecia.
Adorava a seu filho, dizendo:
"Ordena-me, meu Senhor, que te abrace"[4].

6) "Por ser Tu filho meu, te cantarei canções de
berço;
por ter vindo a ser tua Mãe, te louvarei.
Meu filho, a quem dei à luz, é maior do que eu.
Meu Senhor, a quem levei no seio, é quem leva a
mim."

7) "Minha mente se extravia ante ti, cheia de temor.
Recolhe Tu meus pensamentos, para que possa glo-
rificar-te.
Maravilha-me que estejas tão silencioso,
quando um troar de vozes está oculto em ti."

---

3. Uma teofania, como a nuvem que acompanhava o povo no deserto.
4. A partir daqui, onde houver aspas é Maria que está falando.

8) "Saíste de mim como um menino,
pois és forte com a força de Deus.
És um prodígio, como te chamou também
Isaías, que anunciou tua vinda."

9) "Agora moras inteiramente em mim,
e estás todo escondido em teu Pai.
As alturas estão repletas de ti,
e o espaço de meus seios não te faz pequeno."

10) "Tua morada está no céu e está em mim.
Assim como o céu, eu, Senhor, te darei glória.
Os moradores das alturas se assombrarão comigo,
e todos me darão a felicitação."

11) "O céu me levará em palmas, entre afagos,
pois fui honrada mais do que ele.
Ele, de fato, não foi tua mãe,
mesmo que lhe fizeste teu trono."

12) "Quanto mais honorável e gloriosa
é a mãe do Rei que seu trono!
Te darei graças, Senhor, porque quisestes
que seja tua mãe, e que te cante canções de berço!"

13) "Forte, que sustentas a terra,
e porque assim o quiseste, ela sustentou a ti! A ti os
louvores!
Rico, que vieste a ser filho
de uma filha de família pobre! A ti a ação de graças!"

14) "Mais ancião que todos, que desceste
a mim como um recém-nascido! Eu te exaltarei.
Estás sobre meus joelhos, mas de ti dependem
as alturas, os abismos, e todos os mundos."

15) "Te agarras a meus seios, porém Tu diriges
a terra, e os mares, e tudo o que há neles.
Teu carro está ao alto, nas alturas,
mas eu te levo, pois moras em mim."

16) "Enquanto Tu estás junto a mim,
te adoram as miríades de anjos;
enquanto meus braços te abraçam,
os querubins te levam em triunfo."

17) "O céu no alto está cheio de ti,
mas abaixo, na terra, cabes em um regaço.
Entre os seres celestiais habita no fogo,
mas aos terrestres não os abrasas."

18) "Os serafins te exaltam com seus triságios,
como posso eu cantar-te, Senhor, canções de berço?
Os querubins te bendizem com tremor,
e te honrarão os meus cantares?"

19) "Que Eva, nossa mãe antiga,
venha agora, ao ouvir minha canção:
que erga sua cabeça, abatida
pela vergonhosa nudez do Jardim."

20) "Que descubra seu semblante e te cante,
que graças a ti a vergonha se foi de seu rosto,
que escute a canção cheia de paz,
porque sua filha saudou sua dívida."

21) "A serpente que a desviou foi esmagada
por ti, rebento brotado de meu seio.
Tu esmagarás o querubim e a espada,
e Adão, exilado, regressará ao paraíso."

22) "Que Adão e Eva busquem refúgio em ti,
e colham de mim o Fruto da vida;
que por ti se adoce seu paladar,
em vez daquele fruto que lhes encheu de amargura."

23) "Os servos, exilados, entrarão por ti
naquela herança que tiveram de deixar.
Será para eles uma veste de glória,
com a qual cobrirão suas vergonhas desnudas."

24) "Ilumina seu opróbrio no sheol,
e expulsa deles as trevas.
Criança e idoso juntos, porque te manifestaste em
mim!
Todas as crianças serão benditas em ti."

25) "Por ti cativos sairão do sheol,
por ti se iluminarão os que jazem em trevas;
os pobres, Senhor, enriquecerão contigo,
e os necessitados adquirirão abundância."

26) "Todos os famintos, graças a ti, se saciarão,
e os mortos ressuscitarão a tua voz.
Por ti, o céu e a terra ecoarão de louvores:
bendito o Senhor de tudo, que te enviou!"

(Santo Efrém de Nísibe, diácono
e doutor da Igreja. Segunda canção de berço,
Carmina Sogyata).

Referências

A.M.D.G. *Ramillete Espiritual*. Barcelona: É.H. de Subirana, 1867.

BLAMPIGNON, M.A. *Les belles paroles des saints*. Plancy: Société de Saint Victor, 1849.

Chef's d'oeuvre des Péres de l'Église. 15 vols. Paris, 1837.

DE JESUS MARIA, J. *Vida y excelencias de la Sacratissima Virgem*. 4. ed. Barcelona, 1698.

DE TRICALET, M. *Biblioteca portatil de los Padres y Doctores de la Iglesia*. 10 vols. Madri: Imprenta Real, 1790.

DU PIN, E. *Nouvelle bibliotheque des auteurs ecclesiastiques*. 19 vols. Paris: Jean Broedelet, 1731.

ÉPHREM, S. *A Dissertation on the Gospel Commentary*. Edimburgo: T & T Clark, 1896.

_____. *Oeuvres de Pieté*. 2 vols. Paris, 1744.

GENOUDE, M. *Defense du cristianisme par les Pères*. 2 vols. Paris: Hachette, 1846.

GUÉRANGER, P. *L'Annee Liturgique*. 15 vols. 19. ed. Paris: H. Oudin, 1911.

_____. *Institutions liturgiques*. 4 vols. 2. ed. Paris: Société Générale de Librairie Catholique, 1878.

GUILLON, M.-N.-S. *Bibliothèque Choisie des Pères de l'Église Grecque et Latine*. 36 vols. Paris, 1824.

JEROSME, P. *Bibliotheque ascetique.* 7 vols. Paris: Guillaume Desprez, 1761.

Les apophtegmes ou les belles paroles de saints. Paris: Jean Mariette, 1721.

Les Peres de l'Église. 8 vols. Paris: Chez Sapia, 1837.

Livre de prieres a l'usage des chretiennes de l'Église orthodoxe Catholique d'Orient. Paris, 1852.

Mes de Maria. Barcelona: Torras Plaza, 1859.

Textes et documents pour l'etude historique du christianisme. 8 vols. Paris: Grapin, 1905.

Santos Padres da Igreja

EDITORA VOZES

Editorial